U0540649

[英]齐格蒙特·鲍曼 [意]托马斯·莱昂奇尼 著
王舒宁 邹卉颖 译

生而液态

齐格蒙特·鲍曼与年轻人的三场对谈

Nati Liquidi
trasformazioni nel terzo millennio
Zygmunt Bauman
Thomas Leoncini

中国科学技术出版社
·北京·

Nati Liquidi: trasformazioni nel terzo millennio by Zygmunt Bauman and Thomas Leoncini, ISBN: 9788868364984.
Copyright © 2017 SPERLING & KUPFER EDITORI S.P.A.
© 2018 Mondadori Libri S.P.A.
Published by Mondadori Libri for the imprint Sperling & Kupfer.
This edition has been arranged with MONDADORI LIBRI (Sperling & Kupfer) through BIG APPLE AGENCY, LABUAN, MALAYSIA.
Simplified Chinese edition copyright: 2025 China Science and Technology Press Co., Ltd. All rights reserved.
北京市版权局著作权合同登记 图字：01-2025-1873

图书在版编目（CIP）数据

生而液态：齐格蒙特·鲍曼与年轻人的三场对谈 / （英）齐格蒙特·鲍曼 (Zygmunt Bauman)，（意）托马斯·莱昂奇尼 (Thomas Leoncini) 著；王舒宁，邹卉颖译 . -- 北京：中国科学技术出版社，2025.6. -- ISBN 978-7-5236-1377-1

Ⅰ.C91

中国国家版本馆 CIP 数据核字第 2025XX7748 号

策划编辑	宋竹青	责任编辑	宋竹青
封面设计	周伟伟	版式设计	愚人码字
责任校对	张晓莉	责任印制	李晓霖

出 版	中国科学技术出版社
发 行	中国科学技术出版社有限公司
地 址	北京市海淀区中关村南大街 16 号
邮 编	100081
发行电话	010-62173865
传 真	010-62173081
网 址	http://www.cspbooks.com.cn

开 本	787mm×1092mm 1/32
字 数	43 千字
印 张	4
版 次	2025 年 6 月第 1 版
印 次	2025 年 6 月第 1 次印刷
印 刷	北京盛通印刷股份有限公司
书 号	ISBN 978-7-5236-1377-1/C·275
定 价	49.00 元

（凡购买本社图书，如有缺页、倒页、脱页者，本社销售中心负责调换）

致敬齐格蒙特，我的一切成就都归功于您。

致敬亚历山德拉（Aleksandra）、莉迪亚（Lydia）、安娜（Anna）、伊雷娜（Irena）、莫里斯（Maurice）和马克（Mark），感谢生活让我遇见了你们。

托马斯·莱昂奇尼

2017年2月21日，在波兰华沙大学自由艺术学院举行的一场国际研讨会上，我们阐释了齐格蒙特·鲍曼的液态现代性理论。我以我的丈夫与一位年轻人共同撰写的、关于年轻一代的书《生而液态》作为开场白，讲述了我丈夫最后的工作。我讲述了他们之间的通信，以及在齐格蒙特踏上"液态永恒"之旅后，大家完成这本书的努力。会场座无虚席，来自世界各地的人甚至通过互联网聆听这场会议。大家兴趣浓厚。我相信，作为这本小书的漫长旅程的开端，没有比这更好的了。

亚历山德拉·卡尼娅·鲍曼
（Aleksandra Kania Bauman）

肉体的存在实际上永远不会终结。它将存续，就像在我的身体出现和我的思想开始之前、在我"来到这个世界"之前那样。它将以其他人的肉体存在的形式继续存在。

齐格蒙特·鲍曼,《死亡、永生及其他生存策略》
(*Mortality, Immortality and Other Life Strategies*)

目录

外貌的变化：
文身、整形、嬉皮士
1

侵略性的变化：
霸凌
33

性与约会的变化：
线上寻爱时代的禁忌衰落
61

后记：
最后一课
101

译后记
109

外貌的变化：

文身、整形、嬉皮士

外貌的变化:文身、整形、嬉皮士

托马斯·莱昂奇尼:

年轻人是时代变迁的缩影。我们既爱着他们,又恨着他们。他们是我们最爱的"曾经的自己"(Essere stati),也是我们反感的映射,因为那段过去中的我们并非是永恒的,而是漂浮的、流动的。由于并不存在一个外部的"我们"站在上帝视角审视自己,当我们今天分析年轻人的时候,我们无法有效地实践文化相对主义(Relativismo culturale),我们是其缺失的受害者。我们对年轻人的看法来自那些已然液态化的人(Persone liquefatte):我们是生活环境的产物。然而,这个"我们"已经不再是现在的我们的一部分,因此我们现在只能通过他人的面孔来进行自我审视。如果说我们的思维是通过大脑设定的文化图式来快速应对各种情境事件的（认知心理学是这样说的），那么同样可以确定，年轻人常常会感到异样，因为他们没有好好利用、理解和观察我们之前的生活，而在不知不觉中进入了现在的生活。

当今天我们看到一个年轻人，或许是个高中毕业生，我们不会再用我们在他那个年纪时的心理图式去看待他，而是用我们已经完全液态化的心理图式去看待。然而，这种已然完全液态化的心理图式对过去的我们而言，就像是另一个人的心理图式，过去的我们和现在的我们就像是完全不同的两个人。

更简单地说，我们无法识别当今年轻人突显出的特征，因为我们当前已然有自我的审美。这种特质既是自我肯定欲望的产物，又受到美学时尚的影响，它经常被低估，却无处不在，侵入人们的视线。

尼采写道："对我来说，表象就运行在生活着的事物本身之上。"而年轻人在这方面扮演了主导和干预的力量，代表着当下时代风格和兴趣的集体质变。甚至连人类学家也意识到，这是他们这门"边缘"学科中最重要的元素。而这个元素本身因定义的碎片化而不完整且未实现，因此人类学从物理学、生物学和古人类学转变为文化人类学和社会人类学。年轻人正是我们现在和未来最具代表性的典范。亚里士多德早已定义人的不完整性。

然而，自人类文明诞生以来，就一直存在着对完整性的渴望（当然这是徒劳且虚幻的）。那么，有什么比我们的身体更适合作为展示自我的工具呢？审美观念固然具有主观性和客观性，但更重要的是，它还具有文化性（Culturale）和集体性（Collettivo）。

人们常常把美学现象作为现代最具代表性的时尚来讨论,但时尚是人为形成的(Antropopoietiche)①,是人类有意识地构建自我**存在**的一部分。自人类出现以来,人们从未接受自己的身体原来的样子,而总是根据主流文化,不同程度地对身体进行修饰。就连每天早晨的洗漱也不过是人类与自身身体关系的一种表现,是为了适应社会化而做出的、必然的对"自然事物本来状态"(Scorrere delle cose)的改变。正如英国人类学家玛丽·道格拉斯(Mary Douglas)所言,卫生问题不仅仅关乎科学进步。

美学时尚和文化时尚一样,都是动态的时尚,因此从自身模式与大众模式的碰撞、火

---

① 由人类学家弗朗切斯科·雷莫蒂(Francesco Remotti)在意大利引入和传播的术语。

外貌的变化：文身、整形、嬉皮士

花和爆发入手是非常有益的，因为这些碰撞、火花和爆发引发了文化重塑，而这种文化重塑源自自身文化（Modelli propri）与媒体文化（Modelli di massa）的结合（对于过去的模式而言是致命的）。后者通过模仿、传播或自然发展的方式侵入了成年人的世界。

一个非常典型的能体现当前流行趋势的例子就是文身：文身从少年人群开始流行，逐渐流向青年群体，再到成年人。

三分之一的美国人有文身，并且不满足于只有一个。根据最近的哈里斯民意调查（The Harris Poll）结果，文身对美国年轻人来说尤为重要：几乎一半的千禧一代（47%）和超过三分之一的X世代（36%）都至少有一个文身。所谓千禧一代是指著名的Y世代，即1980年至2000年出生的那一代人——也即现今的"液态原住民"（Nativi Liquidi）的起源，而X世代大致是指20世纪60年代中期至20世纪80年代初出生的一代人。

另一方面,只有13%的婴儿潮一代(1946年至1964年出生)有文身。众所周知,"婴儿潮一代"这类定义的界限从来不是不变的,更像是模糊的、流动的,用以保持主题的连贯性。千禧一代和X世代的高文身比例显然会大大延续这一趋势,因此几年后,50多岁、60多岁、70多岁和80多岁文身者的数据将会发生巨大变化。研究还揭示了一些有趣的差异:无论生活环境如何,美国人在文身时尚上的态度并无差别。无论是生活在乡村还是城市,差异并不显著。同样,这一结论也适用于不同政治倾向的人:共和党人为27%,民主党人为29%,独立党人为28%。

关于意大利,来自意大利国家卫生院(Istituto Superiore di Sanità)的最新数据显示:

外貌的变化：文身、整形、嬉皮士

每 100 个意大利人中有 13 人文身。据计算，意大利有文身的人约为 700 万。从数据中可以看出，在意大利文身更常见于女性（13.8% 的受访女性）而非男性（11.7%）。人们通常是在 25 岁时第一次文身，但文身者最多的年龄段是 35 岁至 44 岁（29.9%）。大约 150 万人是在 25 岁至 34 岁时文身的。在未成年人中，这一比例为 7.7%。大多数人对自己的文身感到满意（92.2%），然而有相当一部分人，17.2%，表示想要去除文身，其中 4.3% 的人已经这样做了。男性更喜欢在手臂、肩膀和腿上文身，而女性则更倾向于在背部、脚和脚踝处文身。四分之一的文身者（25.1%）居住在意大利北部，30.7% 拥有学位，63.1% 有工作。76.1% 的人选择去专业文身馆，9.1% 的人会去美容院，但有 13.4% 的人是在非授权场所文身的。即使在意大利，也没有记录显示任何人将政治信仰文在皮肤上，以此作为对从未背叛过的理想的归属标志。然而，有谁会不记得那些作为政治凝聚力象征的文身呢？如今，这一切都消失了，文身的政治"动机"在我们这个流动的现代社会中已经不复存在。

今天的政治主题实际上已经被彻底重新定义，或者用更富有感情的词语来说，被个体性"重构"（Ristrutturato）了。这是因为公共领域（Sfera pubblica）和私人领域（Sfera privata）之间的界限被彻底颠覆了。我们的私人问题每天都在入侵公共领域，但这并不意味着我们的私人问题成了他人的问题。恰恰相反：我们的私人问题依然是我们自己的。更确切地说，这意味着，通过对公共领域"乞讨"（Accattonaggio）这种行为，我们实际上摧毁了所有那些真正应该属于公共领域的话题的空间。结果就是，作为公民参政议政手段的"公共辩论"这一政治

外貌的变化：文身、整形、嬉皮士

行为的消亡。今天的"液态原住民"仅仅根据自己的个体性行动，拼命地试图将其公之于众，妄想找到一种能够被大家接受的、具有普遍和共识的方式来解决自己内心的不安与缺失。

这就自然而然地引出了一个问题：为什么文身成了那些想要符合现代流动美学的人的必需品？

齐格蒙特·鲍曼：

你如此敏锐地注意到并列举了所有操控和模仿大众形象的方式［或者就像欧文·戈夫曼[①]（Erving Goffman）更愿意称之为"日常生活中的自我呈现"印刻在自己身上的那部分］，这些方式既新颖又令人惊奇，尽管它们注定是

[①] 美国社会学家，符号互动论代表人物，拟剧论倡导者。——译者注

短暂的［不过，早在一个半世纪前波德莱尔①（Baudelaire）就指出，这些方式都旨在在瞬间中捕捉永恒］。它们源于人类对现代社会身份从**既定事实**（dato）到**任务**（compito）的重新构建：今天，人们期望并认为有必要且必须由个人利用社会提供的模型和原材料，通过一项复杂的"创造性再生产"（Riproduzione Creativa）操作来承担并完成这项任务，这种操作被称为"时尚"。

正如20世纪最重要的历史学家之一埃里克·霍布斯鲍姆（Eric Hobsbawm）所指出的那样，自从"社区"（Comunità）这一概念开始被边缘化并从社会思想和实践中逐渐消失［当时非常有影响力的社会学家费迪南·滕尼斯（Ferdinand Tönnies）及其众多19世纪和20

---

① 法国诗人，代表作为《恶之花》。——译者注

世纪的追随者甚至预言其即将消亡],"身份"（Identità）概念和"自我认同"（Identificazione del sé）的实践开始出现，以填补其如预言般消失后现行的社会定位和分类常规中留下的空白。

托马斯·莱昂奇尼：

社区和身份之间存在一道界限，这道界限在我们的社会中似乎往往是不可逾越的……

齐格蒙特·鲍曼：

社区和身份之间的区别是巨大的。原则上，前者是强制性的和具有约束力的，因为它预先决定并定义了个体的社会角色（Casting Sociale），而后者被认为是"自由选择"的，是一种"自己动手"（Fai da te）的形式。然而，这种概念上的重新定位并没有真正从社会定位和其相应的表达过程中消除"社区"的存在，而是试图调和社区"归属感"（Appartenenza）与**自我**定义及**自我**认同（我们应该说这是不可调和的？）。

正是从这里开始，产生了那种根深蒂固、无法治愈的倾向，这种倾向会不断引发冲突，产生复杂的辩证关系和惊人的动态变化，同时也孕育了创造力和其不可修复的脆弱性；也正是从这里开始，这种特点得到了支撑和滋养。

在我看来，没有人比格奥尔格·齐美尔（Georg Simmel）更详细且令人惊讶地将时尚作为一种产品进行剖析。齐美尔在19世纪末和20世纪初写作并发表的作品，通过对归属感和个体性的辩证分析，揭示了时尚本质上需要不断更新这一特点。那一时期正是从生产者社会向消费者社会转变的关键时期——而我们今天仍在重复这种转变，同时我们也被这种转变所

外貌的变化：文身、整形、嬉皮士

重塑、锻造和精炼。

托马斯·莱昂奇尼：

观看一场足球比赛时，很难确定人们首先看到的是反弹的球还是球员的文身。还有嬉皮士风格的胡须，现在似乎比几年前要短一些了，这一国际流行趋势甚至促使男士理发店①重新开张。

齐格蒙特·鲍曼：

今天，世界上人们最频繁且定期光顾的地方就是足球场。因此，不难理解，想要找到能解决我们在此讨论的普遍问题的人，目光自然会投向那里，我们寄希望于通过那里大量的（热

---

① 原文为"Barbieri"，这是一种男士理发店，除了给男士理发，还有一个很重要的服务就是修胡子。——译者注

情且大多数是满意的）观众得出可靠的结论。

越来越多的人选择将希望（Speranze）和期望（Aspettative）的象征刻在身体上，以解决社区归属感与自我认同之间的矛盾、身份的持久性与灵活性之间的矛盾，或者至少尽可能地接近解决方案，这又如何解释呢？衣着展示了人们放弃当前身份象征以换取其他象征的能力（Capacità）和意愿（Disponibilità），并且是即时的（Istante）；它甚至展示并证明了人们能够同时体现多种不同身份的能力。

相反，刻在身体上的身份决策符号（即文身）表明，对主体来说，它们所隐含的身份是一种更为严肃和持久的承诺，而不仅仅是瞬间的心血来潮。文身，奇迹中的奇迹，同时象征着这种承诺的有意稳定性（也许还有不可逆性）以及定义自我及其行使这一权利的自由选择。

外貌的变化：文身、整形、嬉皮士

托马斯·莱昂奇尼：

在世界的不同地区，特别是非洲，一个没有疤痕纹刻的男人被认为是个完全无用之人。正如乔治·雷蒙多·卡多纳（Giorgio Raimondo Cardona）在 1981 年所写的，"对于喀麦隆的巴菲亚人（Bafia）来说，没有疤痕纹刻的男人与猪或黑猩猩没有什么区别"。此外，如果研究"时尚"，还会发现**成为男人**（Diventare uomo）和**作为女人**（Essere donna）对于许多民族来说是多么不同。成为男人是一种征服，是经过长时间努力后的最终判定；而作为女人则是一个不可避免的常规过程，结果是注定的，至少所有人都能保证及格。面对像刚才提到的那样的话语，我们很容易对全球文化的另一面进行负面判断，而在我看来，这仅仅是因为我们忘记了克劳德 - 列维 – 斯特劳斯（Claude Lévi-Strauss）在《忧郁的热带》（*Tristi Tropici*）中所确立的"文化相对主义"这一当代人类学的基石。文化相对主义是一种态度，即认为特定行为和价值观要在其产生和形成的整体背景中才能被理解。我们在自家时对自身文化持批判态度，而在他乡则表现得反传统，因此，即使我们去到喀麦隆，观察到诸如常规性的疤痕纹刻、食人习俗和魔法仪式，也不会太过于震惊，因为这些都是由他者实践的。此外，文化控制（Controllo Culturale）的概念［引用罗杰·基辛（Roger Keesing）的理论］也对我们影响巨大：我们只关注主导文化的特征，而几乎从不关注少数群体的特征。

回到疤纹刻饰和文身的问题，其概念是：你为获得自己的社会地位（这种情况深受性别身份的影响）所承受的痛苦越多，你就越有资格拥有这一标志，就越能荣耀地成为其中的一分子。这种以自觉疼痛在自己身上"刻印"的

外貌的变化：文身、整形、嬉皮士

需求，几乎像是一种为了获得新身份而进行的自我鞭笞。你不觉得这种需求，至少在潜意识中，可以与现代人文身的需求相提并论吗？

齐格蒙特·鲍曼：

是的，我认为你是对的，从多个角度来看都是如此（不过，如果你想在中世纪找到文身的前身，找到的应该是烙印，而不是鞭笞！尽管对于烙印人们也要谨慎看待）。

在过去的几十年里，围绕时尚辩证法问题的讨论，在社会科学和心理学领域中，与所谓的"具身性转向"密切相关。实际上，归属感和个体性、持久性和暂时性这两种形成时尚现象的基本矛盾，最明显地体现在我们如何展示和塑造自己的身体上，或我们在这方面投入的思考和精力上。

托马斯·莱昂奇尼：

文身和胡须，但显然不止这些。当代时尚越来越频繁地依赖整形手术。在学术界，法国学者弗朗丝·博雷尔（France Borel）关于整形手术在社会中的意义的理论获得了不少关注。她认为整形手术，尤其是反复进行的整形手术，是自我伤害倾向最暴力和最具伪装性的表现形式，这种自我伤害的倾向被掩盖在正统医学的面具之下——一个个体不接受自己原本的身体，同时还在寻求满足自身"自我毁灭"需求的方式［弗洛伊德称之为死亡欲力（Pulsione di morte）］。根据这一理论，通过戴上正统医学的"面具"，人们可以在满足这两种需求的同时，感受到自己是主流文化的一部分，而主流文化旨在按照预定的标准创造一种被认为是最佳的美。因此，主流文化通过"时尚"正当化了"自我毁灭"（Autodistuzione）和"人性化"

外貌的变化：文身、整形、嬉皮士

（Umanizzazione）美的结合，朝着理想美的刻板印象迈进。

齐格蒙特·鲍曼：

我注意到（而且我无法反驳你），你把当前对文身和足球的狂热，以及对整形手术和胡须（目前尚未明确发现胡须是更短了还是更长了）的热情，视为在历史背景下时尚的关键表现，还把它们视为时尚游戏当前实验、展示、公开可供模仿和采纳的主要领域。

托马斯·莱昂奇尼：

我认为这些至少是最引人注目的变革，是最明显地影响到众多"当代大众"的变革。翻阅由美国整形外科协会（ASPS）签署并发布的最新数据，可以看到在美国青少年（13岁至19岁）中，进行整形手术的男孩和女孩的比例至少每年增加 1%。

有一些非常有趣的数据：越来越多的年轻人讨厌自己的耳朵。高达 28% 的年轻人选择接受耳部整形手术，而且近年来呈现每年稳定增长 3% 的趋势。耳朵是一个特殊的器官，不适感可以概括为两种解释：一种是心理上的——但或许有点过于形而上（耳朵是不是迫使我们即使不愿意也要听别人说话？）；另一种是纯粹的生理上的。但是从解剖学上来说，耳朵到底有什么问题呢？

齐格蒙特·鲍曼：

"心理上，耳朵迫使我们听别人的话"，这一假设似乎不太可信，也显得牵强。我更倾向于关注耳朵作为身体上最突兀和因此最令人烦恼的部分：毕竟，它们显然是在没有征得主人许可——更不用说在主人的指挥下——才这样突出来的！所以，如果它们与当前偏好的（也就是暂时流行的）模型有所不同，就会显得其主人对控制自己外貌方面义务的疏忽，特别是在那些必须或可以公开展示的外貌方面的疏忽。

托马斯·莱昂奇尼：

然而，关于成年人的整形手术的最新数据显示，自2000年以来，美国整形外科协会的手术量显著增长：隆胸手术增长了89%（2015年为99 614例，而2000年为52 836例），臀部提升手术增长了252%（2015年为4 767例，而2000年为1 356例），私密部位整形手术增长了3 973%（2015年为8 431例，而2000年为207例）。随着年龄的变化，需求也在改变，但整形手术行业似乎总是能够掌握时机。

生而液态：齐格蒙特·鲍曼与年轻人的三场对谈

齐格蒙特·鲍曼：

没有什么行业比整形手术行业更好……[①]当代消费者社会的文化受这样一条信条支配："如果你能做到，你就必须做到。"不利用现有的机会来"改善"自己身体外貌（即使其更符合当前主流时尚）的想法，会被视为令人厌恶的和可耻的；这一点往往被视为有辱人格，会损害"肇事者"的社会价值和声誉。因此，意识到这种状况的存在也会对个人的自尊心造成致命的、羞辱性的和痛苦的打击。

我再重申一下，这种状态与我们作为消费社会的一员紧密相关：如果人们不能大规模且强烈地遵守上述准则，消费经济将会陷入危机，甚至会崩溃，无法延续下去。消费经济之所以

---

① 在这里，鲍曼转述了厄文·博林（Irving Berlin）的歌曲《没有什么生意比演艺事业更好》（*There's No Business Like Show Business*）的歌词。

外貌的变化：文身、整形、嬉皮士

能够繁荣（或者更确切地说，生存），正是得益于这种将可能性转变为义务的神奇策略，或者用经济学家的术语来说，是将供给转变为需求。时尚现象——尤其是根据化妆品和整形手术提供的机会来确定自身外貌约束性的规范——在确保这种神奇转变顺利进行中发挥着关键作用。

但基本上，当我们试图解决你所提出的第一个问题时，我们仍在老生常谈。我们之前讨论的当今文身狂热的最终原因，也同样适用于整形手术和美容手术的狂热——顺便提一下，在我们这个以"浏览"（Surfing）代替真正深入理解的世界里，这两种狂热都发生在身体的表面，而且现在这种表面化很少会被人批评。在这两种狂热背后，我们找到了归属感和自我定义的辩证关系，以及时尚和具身性的逻辑。不过，还有一点需要补充：你的数据表明——这很有意思——存在一种不稳定性，因此这些趋势可能发生变化，甚至逆转。统计指标可能会上升或下降（再次受到变幻莫测的消费主义经济的推动，因为消费主义经济总是不遗余力地发明新市场和新产品来满足新的需求）。这里记录的现象很可能是暂时的，只是当今流行趋势的表现，但更持久的趋势模型则具有更长的预期寿命。

托马斯·莱昂奇尼：

整形手术另一个值得注意的点是，如今很多年轻女孩会为自己做过整形手术而感到自豪。但几年前，这种自豪还不是一种趋势，甚至情形完全相反。只需登录任意社交网络，尤其是 Instagram，搜索像 #lips 这样的标签，就会看到大量对整形手术的间接赞美，在这一数字剧场中，女孩们根据现代流动性美学精确量化的审美范式和标准重塑着自己。如果说美丽是一种对人性的追求，这个现象证明了在现代流动社会中，个体也试图在这一领域彰显自我。我的意思是，那些为接近人类理想美（几乎是社会理想美）而进行整形手术并为此感到自豪的人，实际上是为自己的个体性感到自豪。但我说的这种个体性，是指让年轻女孩吞噬了她**名义上的个体**（Individuo de jure），即拥有权利和义务的个体，而转向**事实上的个体**（Individuo de facto），也就是只关心自我表现能力的那个个体。

女性为自己接受整形手术感到自豪，是否也可能与炫耀财富有关？即这可能是个人经济实力的一种展示。或许在不久的将来，女孩们会用美丽来衡量时间，那么通过整形手术，美丽（也就是时间）或许可以回春……

齐格蒙特·鲍曼：

将财富因素加入我们对这些现象的解读中

来，这一点你做得非常好！一副完美无瑕、光鲜亮丽的身体，意味着（甚至）比在最著名（也是最昂贵）的时尚精品店购买的衣服更能体现经济地位和钱包的充实，因此也意味着更高的社会地位和随之而来的公众尊重。这副身体以明确的语言高声宣告："我能负担得起这一切，而你这个可怜虫不能！你得看清现实，得出应有的结论，认清你的位置，并待在那里！！"然而，这一因素在我看来是相当超越性别的或在性别方面中立的——那些"现今非常年轻的女孩们"，她们为自己接受了与她们的姐姐或同学类似的整形手术而感到自豪，这类似于"现今非常年轻的男孩们"在学校厕所里抽烟时的自豪感：这是许多儿童——可能是大多数儿童——梦寐以求的迈向成年的一步，他们强烈希望加快这一过程，以享受那些作为儿童通常无法享受的特权。

外貌的变化：文身、整形、嬉皮士

另一个因素确实明显与性别相关，可以并且应该用来解释你提到的现象。当《花花公子》（*Playboy*）的出版商准备推出针对女性读者的《花花女郎》（*Playgirl*）时，市场上就潜在读者更偏好哪种类型的照片展开了一场热烈的公众辩论：是与《花花公子》的男性读者一样喜欢最具吸引力的异性代表，还是喜欢那些最有权势和影响力的男性（在这种情况下，这两种类型的男性可能不一致）？对此，征求意见部门的研究人员和公众读者一致认为：第二种选择更受欢迎，因此可能更符合女性读者的深层期待。

总体来看，如果在吸引力尺度上，女性往往因美貌而得分，那么在同一套评分标准上，男性则主要取决于他们的适应性（Fitness）。假设大多数男性偏好女性伴侣，而大多数女性偏好具有阳刚之气的伴侣，我们将预期适应性——既指体型良好，又指应对生活挑战和保护伴侣免受这些挑战带来的不确定性及伤害的能力（勤奋、权力、灵活性、机敏、勇气、精力、进取心、活力、生命力等维度）——会轻松胜过美丽的外表所具有的吸引力。然而，整形美容行业旨在满足女性的需求，并主要（虽然并非仅仅）在女性群体中招揽客户。

托马斯·莱昂奇尼：

那么，在现代液态社会中，当代女性理想中的男性画像是一个富有的男人吗？富有男人身边总是有更年轻、更迷人的女性这种风尚会永远持续下去吗？

齐格蒙特·鲍曼：

托马斯，不要着急下定论！也请不要在推理过程中走捷径！毕竟，你的泛化结论是基于一个非常狭窄的样本，而且这个样本并非客观

外貌的变化：文身、整形、嬉皮士

随机地选取，而是在一定范围内选择的：《花花女郎》的女性读者。我的感觉是，这一样本群体大体上与美容整形行业的客户群（同样狭窄）相吻合；如果这种感觉是正确的，可能在一定程度上解释了为什么女性在这个客户群体中占据了压倒性的多数，但这显然不足以泛化到"当代女性理想中的男性画像是一个富有的男人"这个结论。此外，你又是基于什么预言"富有男人身边总是有更年轻、更迷人的女性这种风尚会永远持续下去"呢？！

托马斯·莱昂奇尼：

我们在谈论的是女孩、女人，而不是男孩或者男人。这并不是说男性不接受整形手术，而是男性很少因为接受整形手术而感到自豪。但是为什么会这样呢？尽管现在的男孩在审美上和女孩一样雄心勃勃，有时候甚至更甚……

齐格蒙特·鲍曼：

采用这种方式的男性有可能会降低自己的吸引力指数。

侵略性的变化：

霸凌

侵略性的变化：霸凌

托马斯·莱昂奇尼：

史蒂文·斯皮尔伯格、贝拉克·奥巴马、蕾哈娜、麦莉·赛勒斯、凯特·米德尔顿、麦当娜和比尔·克林顿都有一个共同点：他们在上学时都曾是霸凌的受害者，都经历过多次暴力事件。让我们从一个不同寻常的角度来分析霸凌现象。根据阿诺尔德·范热内普（Arnold van Gennep，20世纪最著名的人类学家之一）的观点，过渡礼仪（Riti di passaggio）的主要特征是围绕三个阶段构建和形成的。第一个阶段是个体与社区分隔的时期［这一阶段称为预礼仪（Riti preliminari）阶段，即个体结束之前的状态］。第二个阶段是边缘期（Periodo di margine）[也称为阈限状态①（liminalità）]，在这一阶段，社会身份暂时不再重要；个体处于一种类似于"边缘"的状态，这对他自身和社会稳定都可能构成威胁②，因为处于这一阶段的个体可能会创造一种新的社区精神（Spirito comunitario），一种新的共体（Communitas），就像苏格兰人类学家维克多·特纳（Victor Turner）所主张的那样。许多最近的反主流文化（Anticonformiste）社会革命都是在阈限状态诞生的：20世纪60年代的嬉皮士如今已经变得难以辨认，他们是朋克和哥特青年的

---

① 个体不再属于旧的社会身份，但还未达到新的社会身份的阶段，是一个过渡期。——译者注
② 对于社会来说，这种状态也可能构成威胁，因为当个体处于正常社会结构之外时，其可能会发展出新的思想或行为。这种新思想或行为有可能形成新的社区精神，这种新的社区精神可能会挑战现有的社会秩序和稳定。——译者注

侵略性的变化：霸凌

前辈，而这些人又是后来的非主流的前辈，如今可能只有嬉皮士继续作为进一步的边缘变体存在。第三个阶段是聚合阶段（Stadio dell'aggregazione），也称为后阈限仪式的阶段（Riti postliminari），因为主体完全回到其原本的社会环境中，重新成为其中的一部分并建立联系，但带有新的个体特征，这些特征在与社会特征相互联系时变得鲜活起来。

如果我们观察许多霸凌现象，会发现分隔阶段、边缘阶段、聚合阶段通常也代表了被霸凌的受害者必然会经历的过程。在面对霸凌者的攻击，尤其是反复的攻击时，受害者会感到在心理上（有时也在身体上）被"隔离"在群体之外。

受害者这种被隔离的生活不仅会颠覆他们的日常，影响学业和人际关系，而且在某些情况下（并不罕见），还会导致友谊和日常交往方式的改变。因此，它可能会创造一个新的**最小社会归属核心**（Nucleo minimo di appartenenza sociale），这与边缘阶段相吻合。在这个阶段，许多被欺凌者为了应对困境，会想方设法寻找新的身份，因为之前的身份带来了很多痛苦。在经历（或正在经历）这一切后，个体不可避免地——因为社会要求我们——回归原点和重新聚合。因此，为了不掉队，受到霸凌的人必须修复和同学乃至和整个学校的关系，避免失败或留级。但在这一过程结束时，可能几个月，或者在最坏的情况下几年后，霸凌的受害者会以一个新人的身份重新融入社会，带来一种更复杂的新社会身份。

非身体暴力的霸凌是否可以被视为某些孩子必经的过渡仪式？霸凌者是否天生就是霸凌者，因为霸凌是他们"习惯"的一部分？

侵略性的变化：霸凌

齐格蒙特·鲍曼：

杰出的犹太裔德国社会学家和社会历史学家诺贝特·埃利亚斯（Norbert Elias），后入籍成为英国公民，在1939年提出了"文明化进程"（Processo di civilizzazione）这一概念。这一概念并不是指将人类生活中的侵略性、粗暴胁迫和暴力彻底消除（他可能认为这仅仅是乌托邦式的想法），而是——请允许我这样表达——"把这三者全部扫到地毯下面"：从"文明人"的视野中移除它们，从"文明人"可能会频繁出入的地方移除它们，或者只是让他们不再听到这些事。同时将这些行为转移到"低等人"那里，而实际上将这些"低等人"排除在"文明社会"之外。为了达到这一效果，人们努力的目标是消除那些被认为、评估为并谴责为野蛮、粗鲁、粗俗、不礼貌、无礼、粗野、不得体或庸俗的行为。总体上来说，这些举动不适合被"文明人"

采用，如果被他们采用，就会有损他们的尊严和声誉。埃利亚斯的研究在整个人类历史上最野蛮的暴力（第二次世界大战）爆发前夕出版，但在他写作时，"霸凌"现象几乎完全不为人所知，或者至少还没有一个特定的名称。在过去的几十年里，暴力强势回归，粗俗的语言渗入优雅的沙龙对话和公共场合，在这时，许多埃利亚斯的弟子和追随者宣布了"去文明化进程"（Processo di decivilizzazione）的到来，并绞尽脑汁，极力解释这种突如其来、意料之外的人类状况的颠覆，但结果却微乎其微，令人不满，缺乏说服力。

更加激进的声音甚至走得更远：他们援引斯宾格勒的《西方的没落》（*Il tramonto dell'Occidente*，德文原版为 *Der Untergang des Abendlandes*，其中"Untergang"或许应更忠实地翻译为"堕落"），提出当前发生在西方文明中的事情不过是文明（不论是过去的还是未来

侵略性的变化：霸凌

的文明）在其历史中必须遵循的模式的又一次重复。斯宾格勒巧妙地用植物学来隐喻，他将这种模式描述为连续的季节更替：春天，天真（Naïf）[①]而富有创造力〔很久以后，乔治·斯坦纳（George Steiner）会提出，伏尔泰、狄德罗和卢梭的特权在于他们的无知，他们不知道我们所知道的事情，唉〕；夏天，花朵和果实成熟；秋天，枯萎和凋落；最后是冬天，其特点是创造性精神的冻结和凝固，是一种毫无生气的、缺乏创造力的风格主义（mannerism）[②]。对于西方社会，文明（精神的）到文明化（世俗

---

① "Naïf"（法语）通常用来形容一个人缺乏世故，带有一种天真和纯洁的感觉；或者表示一个人过于天真，缺乏经验。——译者注
② 又称矫饰主义、手法主义。"手法主义"是少数几种主动自称的艺术流派之一。"mannerism"来自意大利语"maniera"，引申为一种"有意为之"的作风。——译者注

的、物质的、具体的、实际的）的转变发生在 1800 年左右：

> 用这样的术语可以区分 19 世纪之前和之后的欧洲－西方。一方面，它有着自身的、通过内部的成长而形成的充盈性和确然性，有着从哥特式的童稚时期到歌德和拿破仑时代伟大的、不间断的演进；另一方面则是我们的伟大城市那秋天般的、人造的、无根的生命，受才智所构建的形式的支配……文明人过着向内求的灵性的生活，文明化的人则是在空间中，在实体和"事实"中过着向外求的生活。

因此，我们可以并且应该在以下的解释性提议之间做出选择，这些提议源自历史哲学高度的复杂性、崇高性及其普遍主义意图。不过，在我们的对话中，我们关注的是更接地气的、平凡的、世俗的，并且在很大程度上也是局部的因素，这些因素塑造了我们当前的文化、思维方式和行为模式，并驱使其发展。

托马斯·莱昂奇尼：

在我们的现代社会，您认为文化发展的方向是什么？

齐格蒙特·鲍曼：

你在这里提出的发展的方向是暴力、强制和压迫在冲突解决中的回归，以牺牲旨在相互理解和重新谈判共同的生活方式（modus co-vivendi）的对话和辩论为代价。我认为，新的媒介传播技术在过去、现在和将来都将在这一发展中发挥至关重要的作用，它不是发展的原因，而是促进这一发展的重要条件。

托马斯·莱昂奇尼：

第一个例子是米歇尔，他如今已经三十多岁了。

> 我晚上还会做噩梦，那时我十二岁，非常害羞且孤僻。我的三个同学把我关在厕所里，开始用手打我，然后用扫帚和房间里能找到的任何物品打我。那五分钟是漫长、羞辱且痛苦的。就在其中两个同学打我的时候，剩下那个解开裤子对我小便。直到今天，每当我想起那天的事情，还是会忍不住想哭，不仅是因为当时受到的羞辱，还因为第二天我和父亲一起向学校的校长举报了这件事，但他只是拍了拍我的肩膀，说这种事情总会发生，很遗憾现在的孩子就是这样，但这些现象是暂时的，所以不需要担心，情况在几天后就会

侵略性的变化：霸凌

好转（其中一个打我的人是我所在城市一位著名且非常富有的医生的儿子）。显然，对我的霸凌并没有停止，这种情况持续了一整个学年。

米歇尔告诉我们，霸凌是一把带来双重痛苦的利剑，这把剑先是割开并深入皮肉，带来最初的疼痛，而当它抽出、从身体中消失时，又会引起新的疼痛。校长（他无法理解米歇尔的感受）也成了导致男孩被社会排斥的责任人。你曾经遭受过霸凌吗？

齐格蒙特·鲍曼：

是的，当然。那是持续的，日常的。在波兰波兹南学校的所有岁月里，一直到战争爆发，我和学校里另外两个犹太男孩一起逃离了我的家乡。当然，那时我对社会学还一无所知，但

生而液态：齐格蒙特·鲍曼与年轻人的三场对谈

我记得，我非常清楚地意识到，成为霸凌的受害者是被排斥的表现。你和我们不一样，你不是我们的一员，你没有资格参加我们的游戏，我们不和你玩，如果你固执地想参与我们的生活，那么你就算被打、被踢、受到侮辱和屈辱也不要觉得奇怪。

很久之后，当我开始阅读社会学书籍并学会用社会学家的视角思考时，我意识到，在一所有几百名学生的学校里，排斥三个犹太男孩，对于我们的加害者来说，这是他们自我认同的另一面。一段时间之后，我遵循了小说家爱德华·摩根·福斯特（Edward Morgan Forster）的建议，"惟有融合"①（Only connect）。我意识到，指定一个敌人并想尽办法证明其低人一等，是自我认同不可分割的另一面。没有"他们"，就

---

① 源自小说《霍华德庄园》。

不会有"我们"。幸运的是，为了实现我们对集体、对互相欣赏和互助的渴望，"他们"存在了——因此，必然存在"我们"去体现"他们"是一个集体，无论在名义上还是实际上。我们还必须不断提醒自己，并向周围的人证明和重申这一点。从各个方面来说，"我们"这一概念如果不与"他们"相结合，就没有意义。

而我担心，这条规则并不利于实现一个没有霸凌的世界的梦想。

托马斯·莱昂奇尼：

你提到了"排斥"。在第二个例子中，明显展现出来的就是这种强烈的排斥感。

劳拉今年十五岁，与米歇尔不同的是，她至今还未摆脱霸凌的问题，正如她自己所讲述的那样：

> 我不想去学校,因为我的同学让我觉得自己和大家不一样。我想像她们一样,但她们不允许。如果我穿得像她们一样,她们就嘲笑我;如果我努力模仿她们的行为,她们又会鄙视我。我的同学说我是个失败者,说我永远不会有朋友或男朋友。而我开始相信她们说的是对的。我不知道她们为什么这么讨厌我,但我知道这让我感觉非常糟糕(这种被边缘化的生活状态)。我经常想到自杀,并把它作为我摆脱痛苦的办法。

男性的霸凌看起来在很多方面与女性的霸凌不同。例如,在大多数情况下,男性之间使用的是身体暴力,而女性之间则更多的是语言暴力,这种语言暴力可能是悄然发生的,但带有边缘化特征。根据美国国家教育统计中心

侵略性的变化：霸凌

（National Center for Education statistics）①的最新数据，每五个美国学生中就有一个是霸凌的受害者，而且根据多项国际研究，一个学生被针对的主要"动机"之一是其可能存在同性恋倾向。但研究还指出，男同性恋和女同性恋的自杀率是其他人的三倍。

几年前，美国华盛顿的卫生与公共服务部（United States Department of Health and Human Service）②就明确谈到了这一风险。你怎么看待这些？

---

① 收集和分析美国及其他国家教育数据的联邦机构。它是美国教育科学研究所的一部分，隶属于美国教育部。该机构根据国会的授权，收集、比较、分析并报告关于美国教育状况的全面统计数据，介绍国际教育活动。此处引用的关于欺凌行为研究的最新数据发布于2016年12月底。
② 联邦政府负责美国公民健康的部门。其职责包括管理公共卫生，监督私人医疗，进行疾病预防，监控食品的安全性以及药品的成分。

齐格蒙特·鲍曼：

我个人不会过于在意那些欺凌者提出的解释他们霸凌行为和选择受害者的理由，无论是男性还是女性。这些理由会随着当下的潮流而变化，但困惑却始终存在，并迫切需要得到缓解——人们始终需要释放积累的压力以防止其进一步的积累。霸凌的需求，尤其是其对象和动机，自古以来就存在，并且永远不会消失。在古代，人们将生存困境和由此引发的攻击性归咎于恶魔附身；在其他时期，人们将其归因于不幸的婚姻或性功能障碍；还有一些时期，归咎于来自父母的性剥削；而目前，则是儿时遭受教师、神职人员的性骚扰以及对名声的忌惮；现在，同性恋被认为是罪魁祸首。但你忘了提到移民，（作为被霸凌的"潜在对象"，）他们目前远远超过了其他任何群体……

侵略性的变化：霸凌

托马斯·莱昂奇尼：

移民，亲爱的齐格蒙特，你说得对。这是当代另一个尖锐的问题。两百多年前，康德曾观察到一个看似普通的现象，这个现象我也曾多次听你提及：他问道，地球的球形形态在实际中会产生什么结果？对我们这些地球上的原住民来说，最显而易见的一点是我们居住在这个球体的表面上。但试想一下，"移动""从一个点到另一个点"在一个球体上意味着什么。首先，这意味着不断"缩短"与他人的距离。是的，在球体上移动实际上意味着缩短与他人之间的距离，而这种距离本来是试图通过移动拉开的。康德继续观察指出，迟早（他是在两百多年前写下这些话的，所以可以说我们已然身处他提到的"迟早"之中），那些觉得已被同类占据的地方过于局促或不适的人，最终将再也找不到可以冒险进入的空旷之地。从这些

生而液态：齐格蒙特·鲍曼与年轻人的三场对谈

观察中可以得出结论，接受自然对我们的这一强制要求是合乎逻辑的，接纳他人是现代性不可或缺的基石。

关于我们刚才谈论的主题——霸凌，我想起了凯蒂·吉诺维斯（Kitty Genovese）事件。这不仅是一个关于冷漠的故事，更是社会心理学中一个极好的例子，常用来说明人类倾向于将个人责任转移到集体责任上，忽略了在日常生活中，强烈的个体性往往主导着他们的社会关系。凯蒂·吉诺维斯是一名纽约女性，1964年，她在家附近的皇后区丘园街区被刺死。第二天,《纽约时报》在头版刊登了这样一条新闻，"三十七个人目睹了一起谋杀案，却没有人报警"。

结论是什么？就是这样：唯一的目击者在目睹悲剧事件时，如果意识到自己是唯一的一个人，那么他更有可能采取救援行动；相比之

侵略性的变化：霸凌

下，如果他意识到他处于一个集体中，周围还有其他人在场时，那么采取行动的概率反而会降低。

不讨论这个故事以及后来引发的争议（凯蒂·吉诺维斯的兄弟在寻求真相时，发现新闻报道和现实有多处不一致），这个故事传递的信息很明确：多元化的存在往往会引发个体身份的变化，使个体的责任感变得更"轻"，尽管这种变化可能是暂时的。最终的结果没有改变：一个可怜的女孩在街上被一个疯子残杀，而所有的市民（可能）都在他们的窗帘后面看着这一幕；没有人走出家门，尽管受害者在尖叫；半小时内竟没有人报警。灯光亮着，窗帘后的人影彼此对望，同时也分散了采取行动的责任感（不只是我，你也在看，为什么是我而不是你行动起来？），不可避免地削弱了个人采取帮助行为的动力。1964年那一天，是否成了你最深刻的记忆之一？

齐格蒙特·鲍曼：

我对凯蒂·吉诺维斯事件有着深刻的体验，当时舆论界的震惊反映了这一事件的影响之深远——其影响远远超出了学术界，并迫使学术界重新审视自己的多种理论，无论是隐含的还是明确的。如果我没记错的话，正是在随后的辩论中——由于引发了道德恐慌，辩论持续了异常长的时间——我第一次听到了"旁观者"这个概念：那些看到恶行发生却转移视线，不采取任何行动阻止它的人。

这个概念立刻引起了我的注意，或许是因为这个现象是在关于种族灭绝的研究中最重要的缺失项，必须被纳入其中。

然而，我花了二十年的时间，才在我个人试图解读现代文明顶峰时期大屠杀之谜的过程

侵略性的变化：霸凌

中，给予它应有的重视。[我们记得，凯蒂·吉诺维斯在 1964 年被谋杀，当时正值被视为重新评估所有价值观的文化革命的前夕。随着 20 世纪 60 年代很快被记录在文化史的编年史中，受过教育的公众找到了另一个可以集中注意力的话题；正如心理学家戈登·奥尔波特（Gordon Allport）曾经刻薄地、带有些许讽刺意味地说过，我们这些在人文学科领域工作的人从未真正解决过问题，我们只是在问题上纠缠到厌倦而已……然而，奥尔波特忘了提的是，并非所有问题都有解决方案；许多问题是没有解决方案的，像吉诺维斯这样随机的谋杀案件就属于这一类。那些像我们在警匪片中看到的、首先寻找作案动机的警察，肩负着一项不可能完成的任务；检察官、陪审团和法官也是如此。]

但事后看来，吉诺维斯事件还揭示了另一个现象，这种现象在随后的几年里越来越引起关注，并迫切需要进行概念上的界定：即"偶然"或"无动机"的恶。在审判中，凶手温斯顿·莫斯利（Winston Moseley）告诉陪审团，他之所以选择女性作为受害者，仅仅是因为女性"更容易攻击，不会反抗"。

"偶然"或"无动机"的恶的愤世嫉俗和无目的性，逃脱了我们现代思维中的恶必须具备"因果关系"这种"理性"（Razionali）理解。正是这种特质，构成了奥地利伟大的导演和编剧迈克尔·哈内克（Michael Haneke）电影中的核心主题，他是探索和记录这一令人不安的、震撼的恶行类型的最敏锐、最深刻的艺术家之一。在 2014 年冬季的《巴黎评论》（*the Paris Review*）访谈中，路易莎·齐林斯基（Luisa Zielinski）如此总结了他的电影作品："他的镜头超越了好莱坞的粗俗和虐待色情片的陈词滥调，而是聚焦于那些日常的残酷行为。

侵略性的变化：霸凌

公众对这些行为还没有完全麻木：卑鄙的霸凌行为、倾听能力的缺失、对阶级和社会特权的痴迷。"早在 2001 年 5 月,《卫报》的影评人彼得·布拉德肖（Peter Bradshaw）就认为，哈内克的电影《巴黎浮世绘》是"一部令人眼花缭乱、不妥协、无法定义的电影"。但我会说，这正是哈内克的角色在世界中的存在方式和手段，正如他故意（且谨慎地）在影片中呈现的那样，没有评论和解释，就是如此"无法定义"。这一信息在这位奥地利导演的所有电影中反复出现，最近一次是在电影《爱》（Amour）中的最后一幕，妻子在经历了漫长、痛苦的身体衰退后被丈夫掐死，而女儿则在影片的最后几分钟里长时间地保持沉默……我虽能力有限，远不及哈内克那样能够表达出不可表达的，说出无法言说的，阐述无法阐述的，使不可理解的事物变得可理解，但我仍然与我已故的同事和亲爱的朋友莱昂尼达斯·唐斯基斯（Leonidas Donskis）一起，在我们的两本书《流动的邪恶》(*Liquid Evil*)和《道德盲点》(*Moral Blindness*)中探讨了同样的奥秘。

新鲜、异常且尚未被关注的事件（更不用说其在心理和情感上被同化）往往仅因其本身而令人震惊。这类事件如果重复出现、多次发生，并在日常生活中反复被看到或听到，就会失去其震撼力。无论这些事件第一次出现时多么令人不安和恐怖，通过单调的重复，它们就会被"正常化"，就会变得"平凡"，被看作是自然而然的；换句话说，它们被平庸化，而平庸的功能是娱乐和消遣，而不是令人震惊。

2011年，安德斯·贝林·布雷维克（Anders Behring Breivik）实施了两起大屠杀：一场是针对政府和平民中的随机受害者，另一场是针对挪威工党青年团组织的夏令营营员。布雷维克

侵略性的变化：霸凌

在实施犯罪之前，预先在网上发布了一份宣言，宣言中他怒斥伊斯兰教和女权主义，认为它们共同导致了"欧洲的文化自杀"。他还写道，他这一疯狂行为的主要动机是"发表他的宣言"。我们可以说，布雷维克利用了当前的常识：越是令人震惊和恶趣味的宣传，越能吸引电视观众，提高报纸销量，增加票房收入。然而，令细心的读者感到震惊的是，原因与结果之间完全缺乏逻辑联系：一方面是伊斯兰教和女权主义，另一方面则是大屠杀中的偶然受害者。

我们正默默地适应这种不合逻辑的，甚至完全无法想象的状态。布雷维克绝不是大自然中一个独特、例外的错误，也不是一个独一无二、没有追随者的孤独怪物：他所属的这一类别通过一种被称为"模仿"的机制不断招募新成员。例如，看看在美国的大学校园、学校和公共场所中发生的事情，看看电视上不断播放的恐怖袭击或其他暴力行为，浏览一下你所在城市电影院的放映表，或者看看最近几个月的畅销书名单，你就能看到我们每天都暴露在无目的、无意义的暴力表演中——纯粹的暴力，为了暴力而暴力。恶已经真正而完全地被平庸化了，其最重要的后果之一是，我们已经或即将对恶的存在和表现变得麻木。作恶不再需要动机。恶，包括霸凌，不是已经显著地从有目的（即某种意义上的合理）的行为类别转移到了愉快的消遣和娱乐领域吗（对于越来越多的"观众"）?

性与约会的变化：
线上寻爱时代的禁忌衰落

性与约会的变化：线上寻爱时代的禁忌衰落

托马斯·莱昂奇尼：

我们怀念过去的岁月，只是因为我们知道那些时光再也不会回来。每天都能听到有人赞美过去的岁月，认为那时更"正义"，更符合坚实的原则。无论你去酒吧，还是翻看报纸，总能在这些"非地点"①（Non luoghi）里找到一个老生常谈的话题：因为互联网和智能手机的存

---

① 它们是人类学场所的对立面，由当代法国民族学家和人类学家马克·奥热（Marc Augé）定义，"非地点"这一术语也是由他提出的。这些地方没有身份认同，没有历史背景，也没有社会关系。根据奥热的观点，我们的超现代性极大地促成了"非地点"的产生。这些地方是过渡的地点，例如临时的占用（如酒店）、商业区域（如购物中心），并且可以代表一个时代并衡量其特征。奥热还写道，旅行者的空间是"非地点"的原型。更为技术性地说，"非地点"是由两种特性构成的空间，这两种特性重叠但不混淆，即与特定目的（如运输、过渡、商业、娱乐）相关，并与个体和这些空间的关系相关。

在，现在的年轻人无法享受他们的青春。人们总是指责他们不停地连接网络，不断地盯着手机屏幕，随身携带这个最现代、最流动的"非地点"（网络），永远生活在一个不存在的、创造了持续但虚无的关系的口袋式过渡地带。当两个智能手机用户见面时，他们聊个几分钟，便继续盯着手机，构建他们的平行数字宇宙。今天的孩子和我们以前一样，只是有一些微妙的区别：我们是伴着固定电话长大的，而他们是和手机绑定的！但仔细想想，这也不完全正确。在我十五岁时，刚刚兴起了带手机去学校的风潮（我花了超过 40 万里拉买了一个"便携"的电话，实际上并不怎么便携，只能装在大口袋里；有一次我把它放在牛仔裤的前口袋里，结果天线一直伸到鞋子上面）。我们也整天盯着手机屏幕，有人应该还记得原因——我们会收到"来电"。这个潮流是 21 世纪初最被

性与约会的变化：线上寻爱时代的禁忌衰落

媒体低估的潮流，但它对年轻人的影响力和今天的 WhatsApp 一样大。如果你喜欢一个女孩，首先得确定她有手机，然后设法搞到她的号码，最后做最重要的事：拨通电话。如果铃声响了，但什么都没有发生，那这个女孩可能是"摆架子"①（我们用了这个词，却不太明白它的意思，但我们喜欢用它）。你需要再拨一次，但不能过分，否则会被她男朋友骂。你可能会收到期待的信息，由它带来的短暂而意外的清新之风可以让你的夏天焕然一新。你知道上面写了什么吗？"你是谁？"从那一刻起，你就需要确定自己是什么人设：你要选择是说实话还是伪装

---

① "se la tirava"来自一种形象化的通俗语言，意思是"拉着"某些珍贵或重要的东西，好像在炫耀什么。当说某人"se la tirava"时，意思是那个人在比喻意义上"拉"着虚荣或优越感的重量，仿佛想向别人展示自己的价值或重要性。——译者注

成别人。尽管拨完电话后,你基本可以确定女孩已经向她所有的朋友打听过有没有人是这个号码,但你依然整天盯着手机,希望能看到那个在阳光下几乎看不清的信封图标。

这引出了一个相当"一脉相承"的面向:过去的年轻人和今天的年轻人一样,都特别关注那些能够缩短空间距离并加速性伴侣选择和招募过程的需求,这使其能在有限的空间里最大化地利用时间。WhatsApp、Telegram、Snapchat、Messenger[①]具有这一重要功能:它们缩短了我们的时间,使我们能够更快地到达目标,这是前所未有的即时过程。它宣告了空间距离的终结,唯一一个微小的障碍就是时间的栅栏。"如果我在罗马,去迈阿密需要多长时间?"这是一个常见的问题。你有听人说过

---

① 在欧美国家流行的 App。——译者注

性与约会的变化：线上寻爱时代的禁忌衰落

"我需要走多少公里才能到你那里"吗？液态现代性完全改变了我们的心理图式，从而改变了我们的运动感知原型①。但网络对我们及我们的身份认同到底意味着什么？它是一个独立的世界，还是我们身份认同中一个不可或缺的补充？网络作为人类身份的展示平台，已经制造了许多受害者——许多脆弱的个体由于网络暴力而自杀。我们甚至不用特意提及已经臭名昭著的 Ask.fm，这个允许人们匿名发表任何言论的网站，仅需考虑众多的网络霸凌和诽谤案例，就能有一个具体的概念。网络上的一切都具有一个普遍的特点：公共领域被缩小，私人领域得到扩展。但恰恰是这一点削弱了公民的政治意识（Senso politico）。然而，社交网络欺骗了

---

① 身体运动和感知相关的参考模型；我们与空间、时间、技术，甚至与其他个体的关系。——译者注

我们，让我们相信通过点赞和评论，我们可以塑造和传播一种普遍的民主，但实际上我们只是创造了自己的个人观点，这些个人观点与其他不同的个人观点相加。我们再次将私人带入公共领域。我们经常想象社交媒体上的评论是由相同的水滴组成的河流，但实际上它更像一个湖泊，里面充满了无法与水相融的油滴，这些油滴只能单独存在，无法产生真正的影响。确实，它们之间是相似的，但并不完全相同。那么，当我们从外部观察这些现象时，会发生什么？用三个词贬低这些庞大的流量的最常见方式是什么？人们称其为"网络民众"（Popolo del web）（几乎每天，许多媒体都是这样谈论的），暗示这是一个完全不同于现实社区的实体，就仿佛它不是由同样的人组成，但它确实存在（这是个事实）。然而，我们把网络视为一个理想的、政治的和民主的环境。事实上，

性与约会的变化：线上寻爱时代的禁忌衰落

它更像是极权主义的，而非民主的。是的，新闻和视频的实时传播，即我们所称的"沉睡的观众生活"，无疑建立在坚实的民主基础上，但我们在网络上的个人领域的组织，即"积极的观众"的关系、对他人的态度的开放或封闭，却远非民主所构建。

通过社交网络上的个人档案，我们都体验到了某种程度的极权主义幻觉：我们可以自由地拉黑用户；只因为我们不认识某人，就可以拒绝他们的"连接"请求。不久前，脸书（Facebook）甚至允许其用户举报那些试图向不认识的用户发送好友请求的人。因此，这位不幸的寻求庇护者在别人的数字世界里唯一的过错，就是让一个陌生人成为他的"朋友"，而他可能因此冒着账户被封的风险。此外，通过社交网络，任何人都可以在一分钟内创建一个虚假账户，借助隐私保护的力量来侮辱其他用户。

生而液态：齐格蒙特·鲍曼与年轻人的三场对谈

美国心理学家菲利普·津巴多（Philip Zimbardo）让一组女学生穿上类似三K党[①]的兜帽和披风，使她们变得难以辨认身份；另一组女学生则没有穿任何特殊的衣服。他要求这两组人对另一个人施加电击，结果显示，穿着兜帽的女学生按下电击按钮的时间是那些未穿特殊服装者的两倍。

还是津巴多，通过他著名的斯坦福监狱实验进一步确认了去个体化（Deindiviaduazione）现象的强大影响。另一位美国心理学家爱德华·迪纳（Edward Diener）写道，去个体化通过减少自我意识，降低了对内在行为规范的遵从度。

有了互联网，我们真的会产生一种错觉，以为自己是独一无二的人，以为自己能够承担

---

① 美国的极端种族主义组织。——译者注

过多的对生活意义的追寻。

齐格蒙特·鲍曼：

你很好地勾勒了网络的历史，简洁、明了而且证据翔实。事实上，回顾起来，其显著特征似乎是一种巨大的期待与希望破灭的组合。正如你所正确指出的，网络曾以创造"一个理想的、政治的和民主的环境"的承诺，辉煌地进入我们的世界；但它让我们去向何方？去向了当今的民主危机，使政治、意识形态的分裂与冲突加剧。我们热烈地接受了获得第二人生承诺的机会，但我们的第二次生命所处的世界是一个充满网络霸凌和诽谤的世界。是的，网络的出现突然让我们获得名声的希望变得现实，但由于它虚假地让名声变得触手可及，也使这种希望几乎成了一种义务——尽管真正获得名声的机会就像中乐透头奖一样渺茫。

生而液态：齐格蒙特·鲍曼与年轻人的三场对谈

让我们从头开始，逐一审视你的问题。我建议从计算机技术在短短一代人的生命中对人类生活产生真正革命性变化开始：从最初的大型计算机结构——据其发明者和先驱者称，大约十二台这样的设备就足以满足全人类的计算需求——到无数的设备，最初的电脑后来变得如此小巧，以至于可以放在手掌中（笔记本电脑、平板电脑、手机，以及任何其他在你我结束这次对话之前可能已"投放市场"的设备）；这些设备每时每刻、全天候、每周七天为数以亿计的所有者/用户提供服务，它们可以随时放在口袋里或包里，但大多数时间都被拿在手中。无论我们是孤身一人还是感到孤独，在网络世界中，我们都可能一直保持联系。然而，离线世界并没有消失，也不太可能在不久的将来消失。与网络世界相比，上述特权在离线世界并不适用——就像在网络世界尚未出现时，即人类历史上大多数（迄今为止几乎全部）的时期，它作为唯一存在的世界那时一样。

但现在有两个世界，它们彼此截然不同，是两个完全对立的实体，21世纪的生活艺术要求我们掌握、融会贯通并使用的技能之一就是调和这两个世界并使它们重叠。这两个世界有着不同的行为准则和规则，不同的界限划分"应该做的事"和"应该避免的事"，以及不同的语言和行为规范——这些规范是被规定的、使用的、教授的和习得的。我们注定要同时生活在这两个世界中，从而将我们的时间、日子（生命？）分配到这两个不同的宇宙、行为规范、共处和互动方式中去。21世纪的人类是"两个世界的人"。我属于其中一个，即离线世界。另一个——网络世界，这个我们被诱导、激励，并被技术工具提供的策略和手段吸引而去构建的世界——常常被夸张地展示，甚至被过度体验，仿佛它属于我。我可以在一定程度上设计它的形式和内容；我可以删除和排除那些让我不适的、不想要的片段；我可以监控呈现的内容，并摆脱那些未能达到我设定标准的东西。

简言之，在线上，与离线情况不同，我拥有控制权：我就是主人，我来决定（统治）。也许我并不是当指挥家的料，但由我来决定演奏什么音乐。一些诙谐的观察者将这种神圣的感觉比作一个被单独留在甜点店里的小男孩的感觉。问题是：那个小男孩会选择和享受哪些美味呢？

亲爱的托马斯，大多数持有这一观点（即你所说的"网络访问创造了一个理想的、政治的和民主的环境"）的人都遭遇了极大的失望。网络接入并没有成为寻求更多启蒙、开阔视野、了解未知观念和生活方式的途径，也没有实现

性与约会的变化：线上寻爱时代的禁忌衰落

"理想民主环境"所要求的对话。大多数社会学研究显示，大部分用户使用互联网的动机并非是获得"接近"更多的机会，而是寻求一个出口。后者的吸引力显然更大。人们更多地利用互联网来建立一个避风港，而不是利用互联网打破壁垒和开辟窗口；他们为自己创造一个舒适区，远离混乱无序的生活世界以及它对心智和精神安宁所带来的挑战；为了避免与那些可能令人恼火和令人有压力的人进行对话（因为他们的观点与我们不同且难以理解），从而避免被迫参与辩论和辩论失败的风险。通过简单地删除不想看到的内容或禁止不受欢迎的访客，网络提供了在离线世界中完全无法实现和不可想象的"绝佳孤立"（Splendido isolamento）（试想一下在街上、邻里之间或工作单位等场所达到相同的效果，能否成功）。网络并没有服务于扩展和促进人类的融合、相互理解、合作和团结,相反,它加剧了孤立、分离、排斥、敌意和冲突的行为。

你还提到了另一个极其重要的点:"大量的网络霸凌和诽谤案件……"实际上,互联网确实为所有人提供了自由传播阴谋、谣言、诽谤和虚假信息的空间。〔正如一位苏联高官在其回忆录《为我的祖国祷告》(*Requiem per la mia terra madre*)中尖锐地观察到的那样,俄罗斯的"民主"革命"清算了执政党对谎言的垄断"。〕也许你永远不会与受害者面对面(反之亦然);在匿名保护下,诽谤的被告风险降至最低。

托马斯·莱昂奇尼:

因此,"名誉网络"(Fama-web)关系创造了现代流动性的放大机制:一个充满美味、令人垂涎欲滴的丰富自助餐。而网络就是这个丰富的美食自助餐。

性与约会的变化：线上寻爱时代的禁忌衰落

网络往往放大了性欲和对永恒的渴望。柏拉图出生在 2 400 多年前，他曾说，如果一个人不能首先意识到一个事实，即每个人都爱慕虚名，并渴望获得不朽的荣耀，那么他会对同伴的行为感到震惊。柏拉图认为，为了在社会中确保这种声誉，人们愿意面对任何危险，甚至比保护自己的孩子时更加勇敢。

如今，每个人在一生中至少有十分钟的"名声"：只需在自己的脸书个人资料上填写出生日期。每年这一天，你就会收到大量的公开通知，对女性来说，这通常意味着咖啡邀约；而对男性来说，则意味着更多的追求机会。你对此有什么看法？

齐格蒙特·鲍曼：
我认为你引入了另一个值得在我们的对话中探讨的重要话题：这一新现象确实可能在公

共生活中产生新的机会。你所称的"名声"毕竟是一把双刃剑。名人通常以被议论包围而闻名,但即使是那些持有最有益思想的人,也必须要打响自己的名号,才能让他们的提议被阅读、倾听和认真讨论。互联网拆除了过去围绕公共领域设立的许多障碍,这些障碍往往等同于非正式审查(Censure informale)。在过去,一个人若没有获得电视广播的青睐,就无法在公众面前出现;即使自己的想法再具有原创性、再有价值,如果报纸或期刊的编辑部不愿意印刷和传播,也难以触及读者。根据我们的对话来看,这些封闭和严格的公众领域准入限制如今已成为过去的记忆了,无论是好是坏……

托马斯·莱昂奇尼:

根据 The Wrap——一个好莱坞的娱乐和媒

性与约会的变化：线上寻爱时代的禁忌衰落

体新闻网站——的最新研究，参加过电视真人秀节目后想要自杀的人数令人担忧：最近在美国有 11 人自杀。该网站写道，参赛者没有意识到在聚光灯下所面临的压力。而且受害者中包括那些最不为人所知的人：副检察官、单亲父亲、年轻拳击手。最重要的是，The Wrap 指出，这一现象不仅局限于美国，印度、瑞典和英国也出现过自杀或自杀未遂的案例。根据《纽约邮报》的一篇文章，美国应当建立专门的心理援助中心来帮助电视节目参加者！

如今，只要被放在正确的位置，任何人都可以成名，包括家庭主妇或世界各地的无数厨师。所有这些不习惯聚光灯的人很快就会发现一种现代社会特有的痛苦：焦虑。苏珊·博伊尔（Susan Boyle）只是冰山一角：在等待《英国达人秀》（*Britain's Got Talent*）决赛期间，她不得不接受治疗以应对压力过度。她被诊断为

"电视综合征"（Sindrome televisiva）：从平凡甚至普通的生活一下子被推到公众舞台，置身于数百万观众面前所带来的过度紧张。

这一切与最近在瑞典卡罗林斯卡医学院进行的一个科学实验结果完全一致。一个由125名志愿者组成的团队体验了或许是消除焦虑和恐慌发作的最佳疗法：隐身。

是的，补救的办法就是在紧张的社交场合让自己相信自己拥有一个隐形的身体。通过虚拟现实头盔，志愿者们感到自己的身体完全透明；显示器上只能看到周围的空间和物体，没有人的身体。触觉增强了，受试者感觉到物体碰到皮肤，但却只能看到物体在空中移动。当看到面前有一群虚拟人注视自己时，那些内化了隐身感觉的志愿者的心率和压力水平更低。

在液态现代性中，焦虑和抑郁症显著增

性与约会的变化：线上寻爱时代的禁忌衰落

加，但隐身的伊壁鸠鲁式需求①却几乎消失。然而，隐身可能正是治疗这两种典型的液态现代性疾病的方法。如今，这种隐身已经成为现代最严重的"社会病症"之一。如果你不出现在网络上，你将很难在社会阶梯上攀升，更不用说在线上寻爱中取得成功了。在我们的社会中，年轻人关于性与爱的关系变得如此微妙。过去的那种男人是猎手而女人是猎物的观念，如今已成为古老的传说，几乎可以说是非常荒谬。新一代女性已经打破了传统角色：如今，"女性"在选择伴侣方面越来越有主导性。许多女孩（在互联网上）毫不掩饰地展示她们对性、

---

① 指的是人们在追求内心平静时，对避免公众关注、远离社会喧嚣的需求。这一概念来源于古希腊哲学家伊壁鸠鲁，他认为人生的终极目标是获得幸福，而幸福可以通过减少痛苦和焦虑来实现。隐身，即减少社会上的可见度，曾经被认为是避免外界干扰、达到内心安宁的一种方式。——译者注

爱情和关注的追求，以及分享日常生活。

齐格蒙特，你认为今天的女性领导者是否在恢复母系社会的观念？

齐格蒙特·鲍曼：

显然，当今时代的显著特征既不是母系社会也不是父权社会；相反，在历史和个人传记的影响下，男性和女性的角色正在不断反复协商：这些角色如今是流动的、非固定的，不再是一成不变的"无论顺境逆境，无论富裕贫穷，直到死亡将我们分开"。这些角色如今在其现有形式中总是处于不安之中，对自己的选择缺乏信心，焦虑不安，因为他们对其他替代方案和选择总是充满不确定性。总之，不确定性占据了主导地位。

但最重要的是，许多，甚至可能是大多数当代年轻人，无论男女，实际上更倾向于这种

性与约会的变化：线上寻爱时代的禁忌衰落

状态，尽管他们可能不会明说。他们更喜欢这种现状（它的灵活性、永久的暂时性和重新谈判的可能性），不是因为他们觉得这种状态是合适的（更不用说是理想的了！），而是因为他们更害怕其替代方案。多年来，我多次重申，要过上体面、愉悦、有尊严的生活，有两个同样重要甚至缺一不可的价值观：安全和自由。但要同时满足这两个价值观并使其同步运作，是艰难而烦琐的。一个人不能只增加安全而不减少自由，也不能只增加自由而不放弃部分安全。

托马斯·莱昂奇尼：

自 2009 年以来，任天堂（Nintendo）[①] 推出了一款名为《爱相随》（*LovePlus*）的游戏，该游戏模拟了青少年的浪漫爱情体验。然而，对

[①] 原文有误，应为科乐美（Konami）。——编者注

于许多人来说,这款游戏不仅是一个模拟器,而是成了某种更深层次的东西:一种真正接近"正常"爱情故事的关系。在欧洲,《爱相随》并没有得到广泛传播,但在日本,根据统计数据,它已经成为该类别游戏的热销款。成千上万的日本人购买了这款游戏,其中许多人声称自己真的爱上了游戏中由自己"独家定制"的女性角色,并表示他们在各个方面都对与她的关系感到满意。占有、权力、融合与幻灭,虚拟爱情是"现代四骑士"[①]拥有无上力量的超现代武器吗?

齐格蒙特·鲍曼:

当你陷入爱情时,你可能不会仅仅满足于

[①] 《启示录》中象征末日的四个骑士为战争、瘟疫、饥荒和死亡,这里的四骑士是指前述的占有、权力、融合与幻灭。——译者注

性与约会的变化:线上寻爱时代的禁忌衰落

一夜情:你会渴望更多,渴望那份爱情——这命运的美妙赠礼——能够结晶,永远持续下去(正如浮士德在看到自己梦想成真时激动地喊道:"停下来吧!你是如此美好!"[①])。你将无法想象一个没有它的世界,也无法设想在那样的世界中生活。问题在于,那个希望"永远持续下去"的愿望意味着,至少在那个时刻意味着对伴侣和自己做出永恒爱情的决定和承诺。从那时起,你选择逆流而上。毕竟,在这个完全专注于"速食文化"的世界里,你的承诺、你的义务就是抓住稍纵即逝、昙花一现且极易撤销的机会,一旦你发现另一边的草地比自己的更绿,你就会毫不犹豫地跳过栅栏。而你就是这个世界的产物——在这个世界里成长,受到教育

---

① 这句著名的"停下来吧!你是如此美好!"是《浮士德》一书开头和结尾时主角对那一刻说的话。

和培养，并且每天都在被这个世界所强化。有没有一种方法可以将"直至死亡将我们分开"的爱情，与一个充满好奇、活力、随意性和在整体上不安定的社会中成长的个体调和起来呢？

托马斯·莱昂奇尼：

好奇心和活力，你知道它们让我想到什么吗？想到欲望。那种本质上被人类理想化为积极词语的动力（Motore），尽管它有可能破坏秩序。然而，爱和欲望在某种意义上可以共存。正如你所解释的，破坏是欲望本质的一部分。欲望是一种破坏的冲动，或者更确切地说，是一种自我毁灭的冲动。相对而言，爱则是关心所爱之物的欲望。你将爱定义为一种离心冲动，与欲望的向心冲动相对。如果欲望是想要消费，爱则是想要拥有。爱对其对象构成威胁，这是与欲望的重要共同点。欲望具有自我毁灭性，而爱则用保护织就了一张"保护"网,却最终奴役了所爱对象。爱逮捕它的囚徒并保护他,逮捕他是为了保护他。在这一切中,人类的不确定性占据了多大的权重呢?

齐格蒙特·鲍曼:

我们所说的不确定性是当代人际关系(包括尤其显著且痛苦的爱情关系)的祸根。不确定性注定被困在两股互相对立的强大力量的夹缝中,在它们的持续张力中无法自我再生(Rigenerarsi)和再充能(Rialimentarsi);这样的状况在近期内似乎很难得到解决。考虑到不确定性不断被迫在两条战线上部署"战斗机"和"军备",而每条战线都需要不同类型的军事装备,这种情况不会有所改变也就不足为奇。在一条战线上取得成功的代价往往是在另一条战线上的失败——有时这种失败几乎算是大灾难。由于不确定性结合了无知（即无法预测对方会如何回应我的举动，或者会采取什么策略、手段、技巧和计划，以及在哪里、何时采取行动）和无能（即面对突如其来的、未被提前通知的情况时，自己可能会毫无准备、惊讶和困惑，从而对新出现的情况进行不适当的回应），再加上自尊心受到打击——由于未能胜任任务而受到羞辱，这种不确定性的体验往往会导致对弱点、脆弱性、分裂以及总体不稳定和不牢固的关系产生逃避的需求；而这种逃避的途径——无论是发现的还是自创的，真实的还是假设的——往往变成为了巩固关系而进行的绝望尝试。曾经"被伤害"的经历可以缓解对铁律、不可协商的行为规范的恐惧——甚至开始对正式和长期承诺产生厌恶——从而减少对承诺的抵触，至少在一段时间内，直到过去的糟糕经历逐渐减轻、模糊并消退于记忆中，同时

性与约会的变化：线上寻爱时代的禁忌衰落

新的负面经历重塑了收益与损失之间的平衡。心理和精神历史的改变、个人和集体困扰的改变、理想替代现状的选择以及民众梦想的改变并不是沿着一条直线进行的；正如我反复试图证明的那样，这些变化在"完全自由"和"完全安全"这两极之间摇摆不定（这两极都从未实现过，在我们所能想象的未来，也不可能实现）。在我看来，亲爱的托马斯，我刚才提到的观点，即安全和自由的不足/过多，是最适合的概念和框架，用来定位和分析你在这里提出的问题，即男女权力关系的变化。

性别之间的关系，无论是经验数据还是理论假设，如今都充满了模糊性，并且常常被内在的（且根深蒂固的）矛盾撕裂，就像它们所追求的价值观，以及当女性获得平等时所期望/预期这些价值观能够建立的条件一样。诸如"父权制"或"母权制"等术语，以及与之相关的

（已经很多，并且还在增加）概念，都是无关紧要的，它们造成的混淆多于澄清。

当代性别冲突的关键不再是一个性别对另一个性别的权力和支配问题。虽然女性主义确实关注平等——包括社会条件、机会、声望、权威和进入"决策"场所的机会——但它的另一条真正关键的主线是衡量女性解放程度及其对最终人类性质的影响的依据和标准：即允许女性担任（实际上而非仅仅形式上）至今被保留给男性的职能。因此，摆在议程上的问题要么是女性通过传统的权力动态来加强和重新确认男性的霸权，要么是建立一个社会，在其中至少诚实地尝试重新评估那些独特的、传统的、固有的女性价值观，并将这些价值观从被边缘化和附属性地位中重新恢复过来。

性与约会的变化：线上寻爱时代的禁忌衰落

托马斯·莱昂奇尼：

在液态现代社会中，性在很大程度上与过去不同，主要体现在其限制的变化上。过去无法公开表现的行为，如今不仅可以进行，甚至可能被视为是"前卫"、突破"旧俗"的表现，以及能力和智慧的体现。让·皮亚杰（Jean Piaget）曾将智力定义为人类适应环境的能力，无论是社会环境还是自然环境。适应得越好，其他人就会认为你越聪明。在现代社会中，所有的界限不断被推后，越来越难定义当今性的限制。我想起了社会学大家列维–斯特劳斯的话："文化的诞生与对乱伦的禁止相一致。"这句话似乎暗示："从身体方面和技术上来讲，你可以这样做，但你知道你不应该这样做！"随着时间的推移，尤其是对于年轻人而言，性的限制会越来越模糊：在社交网络上，我们每天都能看到对个体性自由的赞美。今天，性仍然有限制吗？未来是否会取消对乱伦的限制？

齐格蒙特·鲍曼：

关于适应能力与智力之间的关系，我并不像你那样确信——这不仅适用于社会习俗的性别领域，也同样适用于社会的整体背景。所有的社会文化变迁都产生于一种"创造性破坏"的机制，这个机制必然包括适应和反抗，即在渗透（Penentrazione）/拒绝（Rifiuto）之后的同化（Assimiliazione）/适应［如果你有兴趣深入探索这一机制的逻辑和运作，我建议你仔细观察古斯塔夫·梅茨格（Gustav Metzger）的作品，在我看来，他比任何其他艺术家都更好地捕捉、综合和简明地表现了他所定义的"自我毁灭艺术"（Arte autodistruttiva）的本质］。在当代社会的历史阶段，文化显然倾向于其破坏性的一面——或赋予创造的破坏性因素以特权——意在展示、证明和强调所有文化产品的变迁性、脆弱性、固有的不稳定性和过渡性以及生命期的短暂性。创造力的冲动和刺激越来越多地表现在寻找新的破坏对象和新的界限上。然而,由于可以被破坏的对象和仍然可以被逾越的界限本质上是有限的,它们迟早会被耗尽。你似乎暗示,今天的前卫就是不断努力——发明/创造/设想新的破坏目标,而不是仅仅破坏那些迄今为止尚未被破坏的目标。然而,将"前卫"这一概念用于当代艺术背景下,我认为这个想法是非常可疑的,不太可取。前卫的概念已经成为历史上的一个固定概念;这一隐喻源于军事实践,即一个相对较小的部队探察即将成为整个军队下一个征服目标的领土;从定义上来看,它是"领土清理队",负责为主力部队的到来开路。今天没有人期望(或希望、推动甚至认为)对任何当前或未来的艺术风格进行如此深刻的模仿。无论是前卫艺术还是艺术流派，都不太可信。在我们这个高度个性化的社会中，人们期望艺术家能够成为一人乐队①（One-man or one-woman band）。列维-斯特劳斯认为禁止乱伦是文化的诞生，因为他从中发现了在人与人之间的自然特性/差异上叠加人为区别的第一个案例。他将文化定义为一个不断结构化的过程，即由一套双重的规范和禁忌来调节的对同质的差异化和对差异的同质化的交织。顺便提一下，令人奇怪的是，与最古老的自然/文化对立合作（Opposizione-cooperazione）的禁忌竟然也被发现是最难以消失的。你是否遇到过某种令人信服的解释，可以解释这种超长的抵抗力，导致了这种非凡的

---

① 全能艺术家，一个人单打独斗，作为独立的个体进行创作。——译者注

持久性？

托马斯·莱昂奇尼：

确实，乱伦禁忌在历史上几乎无可比拟地持久。即使在液态现代的未来，这一禁忌似乎也注定将持续存在。这是一个"新鲜事"——在一个本质上以流动性和灵活性为傲的环境中，这算是一些坚实的东西。当我写下"灵活"（Flessibili）这个词时，我的大脑立即读取了一个图式，这个图式在成为感知（Percetto）时[我使用这个技术术语正是为了强调其主观视角，并与远距离刺激（Stimolo distale）完全区分开来]指出了一个平行关系，只有一个"液态原住民"才能以其直接的方式与我分享。提到"灵活性"这个词条时，我会联想到"工作"这个概念。这并非偶然，甚至工作研究本身——特别是现代工作心理学的发展——也已经发生了彻底的变化：如今，理解和评估形式化知识（即学校教育）与实际技能之间的差距是至关重要的。

而今，在全球范围内正规知识的传播更加广泛（与过去相比，教育水平明显提高了），但知识的正规化与能力、如何处理具体问题的艺术以及将正规化知识转化为日常实践的能力并不同步。我称之为"艺术"（可能会因此受到一些批评），因为它既是一种主观的能力，同时也是有意识的创造，而且很难在不同个体之间完全复制。因此，在工作中，许多具备高学历的人期待着别人提供一个职位，正如在过去——尤其是大约一百年前的"固态现代性"时期——那些学历较低的人所做的那样。如今的结果是，工作市场上出现了过度的"非责任性"需求（许多人认为，既然我接受了大量教育，我就应当得到一份高薪工作；企业应该给

性与约会的变化：线上寻爱时代的禁忌衰落

我一份高薪工作，并告知我需要做什么和每天工作多少小时，我会照做的）。这种要求与当今工作世界的主要需求——灵活性——完全对立。我们这个液态时代对我们这些液态原住民只提出了一个要求：成为灵活应变的专家。而我们的正规知识，要真正对工作有所帮助，就必须朝这个方向发展。然而，"工作灵活性"这一广义上的概念与今天的年轻人完全背道而驰，因为它需要很强的责任感：工作对于人们的意义已经从获得舒适生活并维持生计，转变为寻找另一份报酬可能更高的工作的手段。通过工作追求富裕生活，由于失去了像稳定性那样的坚实支柱，正变得越来越像一个遥不可及的幻影。

今天的高效职业生涯主要基于能够调动的技能，这些技能在应对新情况时比任何其他能力都更为重要。对于液态原住民来说，跟上这些变化不仅复杂，而且被认为是不公的，因为这种生活方式主要由那些拥有稳定、高薪工作的人所倡导，而这种工作是典型的"固态现代性"的特征。这与液态现代性中的性关系有什么关联？关联很多。因为虽然液态原住民尚未完全适应灵活就业的巨大需求，但他们已经（在很大程度上）成了灵活性关系的专家。固态的爱情以永恒的爱为基础（即使我们清楚，二十年后承诺会变得多么脆弱），而液态的爱情则只考虑未来24小时的"永恒"。在很大范围内，今天伴侣之间的心理契约，也就是将双方的期望和期待融合在一起的那种隐性协议，已经与过去完全不同。"允许我保持灵活，给我自由去探索，我会更加真诚并自由地回到你身边"，这种变化并不是在短时间内发生的……

齐格蒙特，你认为液态原住民能够有效地适应灵活就业吗？液态原住民能通过灵活工作获得成就感吗？还是说液态原住民注定是个不快乐的工人？灵活的爱情是否是人类基因中的一部分？我想到了多配偶制：数百年来，一直有许多科学家认为人类天生是适合多配偶的。如果这是真的，液态的爱情是否是人类性行为回归本原的表现？

后记：

最后一课

后记：最后一课

"今天齐格蒙特写了什么呢？"每天早上我都会反复出现这个念头。这听起来不可思议，但确实如此。他既早起又晚睡，最有可能收到他对我在深夜发出的反思和问题的回应的时间，是早上七点到八点。但有时他也会让我大吃一惊：我可能在凌晨两点给他写邮件，但半小时内就能收到回复。

这是令人难忘的几个月，我将永远感激他和他的家人：齐格蒙特·鲍曼教授给了我无价的礼物，独一无二的教诲，这是他非凡人生中的又一次深刻教育。

这些也许是我写过的最困难的文字，因为这让我回忆起 2017 年 1 月 9 日的感受，当时我

生而液态：齐格蒙特·鲍曼与年轻人的三场对谈

正盯着超市的冷冻食品区，却感到一阵仿佛被弗洛伊德式的压抑所掩盖的痛苦。那几天我没有再收到他的消息。在他发给我的最后一条信息中，他询问我，我觉得他还需要写多少才能完成我们书的最后一章。他——那个伟大的人，竟然问我——一个年轻人，他还需要写多少。这个人的伟大仅次于他的谦逊。在他离开这个世界前最后的日子里，他依然致力于完成他的使命：让我们了解世界。是的，他利用文字引领后辈，拉着他们的手，帮助他们真正认识和解读这个世界。

齐格蒙特·鲍曼拥有非凡的天赋：他教给我们一种分析方法，并教给我们如何构建工具，以了解我们的现状和未来。

在他去世前不久，他写道："这本书将由你来完成，它必须像你承诺的那样美丽而真实。"当我读到这条消息时，我以为这是对我的责

后记：最后一课

备，指责我还没有把修订后的文本发给他。我立马就做了。一个小时后，他完整地收到了那天之前我们所写的所有内容。他再也没有提及这个话题。直到那一天，在冷冻食品区前，我才明白他真正的意思。他已经理解了我无法，也不愿理解的东西。他所要求的是一本共生的书：我们有整整六十岁的年龄差距，这确凿无误；我必须超越现代性所设的限制，并在不连续性（我）与连续性（他）之间建立一种有效的联系。他曾坚信这一点。

最近，鲍曼教授最常引用的作者之一是何塞·奥尔特加·伊·加塞特（José Ortega y Gasset）及其关于"生成"（Divenire）的理论。奥尔特加·伊·加塞特清楚地指出，世代之间的差异并不是问题所在。关键点不是世代间彼此不同，而是他们同时共处在同一个世界中。尤其是——他提醒我们——世代是通过相互的存在来定义的。汉斯·约纳斯（Hans Jonas）认为，意识到自己是凡人[①]，就会觉得花掉的时间很重要。可以说，我们是唯一如此明确地具有这种意识的生物。但拥有这种意识真的好吗？约纳斯自己回答说："当我正处在智力的巅峰时，我可以思考，对事物也感兴趣，我读书，听别人所说的，与他们交谈。但是随着岁月的流逝，我越来越不能理解现代诗歌，现代音乐也不再给我带来很大的快乐；我只是不能接受其他体验。我的体验已经漫溢，做其他的事情让我困扰。围绕在我身边的年轻人却不像我那样，被过去体验的重量压得喘不过气来。"简而言之，对约纳斯来说，时间的流逝赋予了尚未根深蒂固的习惯以权威。而年轻人的天性决定了他们不可能在时间的重压下养成根深蒂固的

[①] 意识到自己是会死亡的。——译者注

后记：最后一课

习惯。因此，世代之间的关系可以总结为连续性和不连续性的问题。对鲍曼教授来说，正是这种关系造就了现在，并将造就未来。

在他非凡的生涯中，齐格蒙特·鲍曼一再强调，如果我们拥有进步，如果我们有历史，那都要归功于连续性和不连续性之间的辩证关系。不能只谈论老年人，而不提其与年轻人的对立：父母－子女，老师－学生正是通过相互依存的关系来定义彼此。我们所有人都经历过或正在经历这些二元对立的定义。

但在流动的现代性中，一切都发生了变化。我们每个人都清楚自己所拥有的工具是多么无力。站在当代舞台上，我们仿佛是世界大剧院的演员，但当聚光灯全都聚焦在我们身上时，意念性失认症就如同一记重拳打在我们身上。

在鲍曼成长的时代，马克斯·韦伯（Max

Weber）的工具理性理论是对现实的最佳描述——要达到的目标是明确的，因此只需找到实现这些目标的正确手段。而今天，液态原住民们充其量只拥有一些手段、一些资源、一些能力、一些技能。但在潜意识层面，每个人都不禁会不断问自己：我能用这些做什么呢？

齐格蒙特·鲍曼对此非常清楚。他知道，世代斗争的蔓延不过是一个骗局。

我想这就是他选择像我这样的人来传递他生命中最后一课的原因。我想这就是他选择如此充满激情和奉献地投入这部短篇作品的原因。

托马斯·莱昂奇尼

译后记

翻译《生而液态》的过程，是一次对现代社会变迁的深入思考，也是一场与齐格蒙特·鲍曼和托马斯·莱昂奇尼的跨时空对话。这本书不仅是鲍曼生前最后的著作，更是一部对当代年轻人生活方式、思想模式以及社会流动性进行深刻剖析的作品。作为译者，我们希望通过这篇译后记，与读者分享翻译过程中的体会，以及对这部作品的理解。

液态社会与年轻一代

齐格蒙特·鲍曼以"液态社会"理论闻名于世，他认为现代社会已经摆脱了传统的稳固结构，变得极端流动和不确定。在《生而液态》中，鲍曼与年轻的莱昂奇尼展开对话，共同探讨了新一代人所面临的社会现实。从身体改造（如文身、整形）到社交媒体的影响，从网络暴力到爱情关系的演变，本书关注的不仅是个体行为，更是社会结构如何塑造个体认同。

书中提到，年轻人对身体的改造，如文身和整容手术，并非简单的潮流，而是一种自我确认的方式。在非洲部落文化中，文身是群体归属的象征，而在当代西方社会，文身则成为个人身份表达的标志。这种看似对立的现象，实则揭示了现代社会中群体认同与个体认同的交错关系。译者在翻译这些内容时，特别留意了鲍曼对不同文化现象的比较，使其既符合原著思想，又能让中文读者更容易理解。

此外，鲍曼在书中讨论了社交媒体的兴起如何改变了人与人之间的关系。在过去，人际交往主要依赖面对面的互动，而在现代社会，WhatsApp、Telegram、Snapchat 等社交平台使

译后记

人们能够随时随地与他人联系。然而，鲍曼指出，这种"即时沟通"实际上削弱了真实的人际关系。社交媒体塑造了一种"点赞文化"，让人们更关注自身在虚拟空间中的形象，而忽视了现实世界中的互动深度。译者在翻译这些章节时，特别关注如何精准传达鲍曼的批判性思考，并确保中文读者能够清楚理解其社会学意义。

语言的挑战与文化转换

翻译过程中，我们遇到了诸多挑战。首先是语言风格的差异。鲍曼的文字具有哲学性和批判性，而莱昂奇尼的表达则更具新闻性和通俗性。如何在翻译中保持这两种风格的平衡，是本次翻译的一个重点。我们参考了鲍曼的其他作品，如《流动的现代性》(*Liquid Modernity*)、《液态之爱》(*Liquid Love*)，以确保其核心思想的连贯性。同时，在面对意大利语中特有的习语和修辞时，我们摒弃直译，转而寻求符合中文表达习惯的方式，使读者能够更顺畅地理解文本。

另一个挑战是跨文化语境的转换。例如，书中提到了社交媒体如何影响现代人的社交方式，以及"点赞文化"如何塑造个体认同。在西方社会，社交媒体的兴起伴随着民主化的理想，但鲍曼指出，这种"虚拟民主"实际上强化了个体的回音壁效应，使人们只愿意与持相同观点的人互动，削弱了真正的公共对话。

此外，在翻译鲍曼对于"网络暴力"现象的讨论时，我们发现他将其与"过渡礼仪"进行了类比。霸凌的受害者经历"分隔阶段、边缘阶段、聚合阶段"三个过程，最终获得群体认可。然而，鲍曼指出，现代网络暴力并未完成这一过程，而只是让受害者长期处于被孤立的状态。这种比较为理解网络暴力的本质提供

译后记

了新的视角,而在翻译过程中,我们需要确保这一社会学分析能够精准地传达给中文读者。

鲍曼的最后一课

《生而液态》不仅是一部关于年轻一代的作品,更是鲍曼留给世界的最后一课。在他去世前,他一直在思考现代社会的未来。书中探讨了网络暴力的本质,指出在现代社会,网络暴力只是单纯的暴力循环。鲍曼的批判在于,他看到网络时代加速了暴力的传播,却没有提供真正的解决方案。

与此同时,他也对现代爱情模式的演变提出了深刻的见解。在液态社会中,爱情关系变得更加短暂和不稳定,人们更倾向于通过网络进行交往,但真正的亲密关系却变得稀缺。鲍曼警示我们,在这个所有事物都可替代的时代,我们可能正在失去真正的人际关系。

此外,鲍曼还关注到消费主义对现代社会

的影响。他指出，当代社会的核心信条是"如果你能做到，你就必须做到"。这一信条推动了整容行业的发展，使得"理想外貌"成为一种社会期望，而不仅仅是个人选择。这种文化逻辑使人们陷入不断的自我改造循环之中，而真正的自我认同却变得越来越难以实现。翻译这些内容时，我们力求用最贴近中文表达习惯的方式，准确传达鲍曼的批判精神。

结语

翻译《生而液态》让我们得以重新审视现代社会的种种现象，也促使我们思考自身在这场社会变革中的位置。鲍曼的思想犹如一面镜子，映照出我们所处的液态世界，也提醒我们，在这个快速变化的时代，如何保持自我认同、如何建立真正的人与人之间的关系。

正如鲍曼在书中所说："站在当代舞台上，我们仿佛是世界大剧院的演员，但当聚光灯全

译后记

部聚焦在我们身上时,意念性失认症就如同一记重拳打在我们身上。"这句话不仅是对现代社会的精准描述,也是一种警示:面对不确定的未来,我们是否能够找到真正的归属?

希望这本书能为读者带来思考,让我们在液态社会中找到属于自己的坐标,并在流动的世界里,不断探寻稳定的可能性。

王舒宁　邹卉颖

2025 年 4 月